NOTICE
SUR LE
CHATEAU D'ARQUES.

Se vend au profit des Pauvres.

Prix : 1 Franc.

ROUEN,
IMPRIMERIE DE A. PÉRON,
SUCCESSEUR DE N. PÉRIAUX,
RUE DE LA VICOMTÉ, 55.

1845.

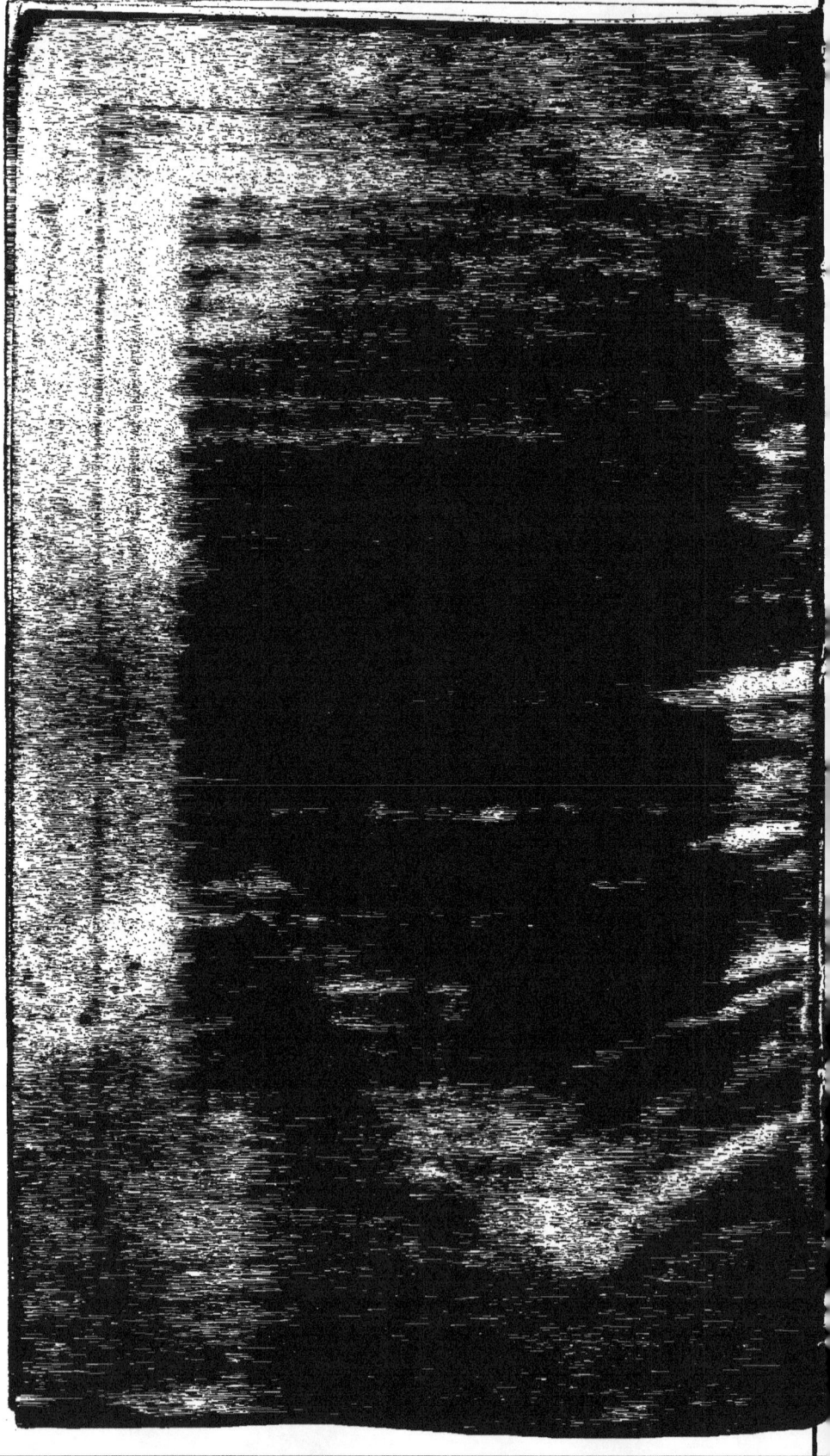

NOTICE

SUR LE

CHATEAU D'ARQUES.

1845

Cette Notice, destinée aux visiteurs et aux étrangers, est un extrait fort abrégé de l'ouvrage publié par M. A. Deville, sur le château d'Arques, auquel nous renvoyons tous ceux qui seraient désireux d'approfondir l'histoire de ce monument et de le connaître dans toutes ses parties. Nous devons cet extrait à la plume de l'historien du château d'Arques.

NOTICE

SUR LE

CHATEAU D'ARQUES.

Le château d'Arques, malgré les outrages que lui a fait subir le temps, et plus encore la main des hommes, est resté un des monuments les plus importants de la Normandie, comme il en est un des plus célèbres. Ses ruines, encore si imposantes, si majestueuses, attestent sa grandeur passée. Les événements historiques dont il fut le théâtre ou le témoin, et le combat à jamais mémorable livré sous ses murs par Henri IV, lui assurent une renommée qui ne périra pas.

On sait, par les historiens normands, que le château d'Arques fut construit vers le milieu du xɪᵉ siècle, sous le duc Guillaume, nommé depuis le Conquérant, par Guillaume d'Arques, oncle paternel de ce prince.

Guillaume d'Arques avait reçu de son neveu, à titre féodal, le pays de Talou, dont la ville d'Arques était le chef-lieu. Ce seigneur, plein d'ambition, et qui, soutenu par son frère Mauger, archevêque de Rouen, rêvait, pour usurper sa place, la déchéance du duc Guillaume, qu'il ne nommait que le Bâtard, fit élever à grands frais, comme place d'armes et de sûreté, sur la colline qui domine Arques, le château dont les ruines la couronnent encore.

En considérant leur étendue, en relevant par la pensée ces murailles, ces tours, en plongeant dans ces immenses fossés, on se fait une juste idée de la puissance et de la richesse du comte d'Arques. On assure qu'il exécuta, en un très petit nombre d'années, cet ouvrage immense.

A peine était-il terminé, que Guillaume d'Arques commença à lever la tête et à ourdir des trames contre le duc Guillaume. Celui-ci, pour en prévenir l'explosion, mit la main sur le château d'Arques; mais la garnison qu'il y avait placée se laissa séduire; le comte d'Arques ne tarda pas à rentrer dans sa forteresse, fier et triomphant. Guillaume-le-Bâtard, avec son impétuosité ordinaire, l'y suivit; mais, n'osant l'y attaquer de vive force, tant cette citadelle lui parut redoutable, il se contenta d'en former le blocus.

Le roi de France Henri Ier, qui voyait d'un œil jaloux la renommée naissante du duc Guillaume, excité d'ailleurs par l'archevêque de Rouen, frère de Guillaume d'Arques, et par quelques seigneurs normands, mit une armée en campagne, pénétra jusqu'au château d'Arques, et y fit entrer des secours en hommes et en munitions. Enguerran, comte de Ponthieu, qui commandait l'avant-garde du roi de France, avait trouvé la mort sous les lances normandes, au pied des remparts d'Arques.

Après que le roi de France se fut retiré, le duc Guillaume resserra les lignes du blocus, et s'y établit en personne. Guillaume d'Arques, réduit par la famine, se vit bientôt contraint d'ouvrir les portes de son château et de se rendre à discrétion. Le duc Guillaume lui laissa la vie sauve, mais le chassa de la Normandie (année 1053.) Le frère du comte d'Arques, Mauger, fut peu après expulsé de son siége archiépiscopal, et alla mourir, comme celui-ci, en exil.

Le château resta dans les mains du duc Guillaume, qui ne cessa d'y entretenir une forte garnison.

Son fils, Robert, n'appréciant pas l'importance de cette citadelle, l'abandonna, avec le comté d'Arques, à Hélie de Saint-Saëns, en lui faisant épouser une fille qu'il avait eue d'une courtisane.

Hélie de Saint-Saëns en fut, peu de temps après,

chassé, ainsi que son pupille Guillaume Cliton, fils du duc Robert, par Henri Ier, dernier des fils de Guillaume-le-Conquérant, qui venait de réunir la Normandie à la couronne d'Angleterre.

Le comte de Flandre, Baudouin, qui avait épousé la querelle du jeune Guillaume Cliton à l'instigation d'Hélie de Saint-Saëns, voulut s'emparer du château d'Arques; il rencontra la mort sous ses murs (année 1118).

Débarrassé de son ennemi, Henri Ier ajouta de nouvelles fortifications au château.

La trahison devait en ouvrir les portes au roi Étienne, qui disputait le duché de Normandie à Geoffroy Plantagenet, gendre et successeur de Henri Ier. La province tout entière ne tarda pas à reconnaître la loi de l'heureux Geoffroy. De tous les châteaux normands, Arques se rendit le dernier (1145).

A près de trente années de là, en 1173, le comte de Boulogne, qui avait pris le parti de Henri-le-Jeune, révolté contre son père Henri II, fut blessé à mort devant le château d'Arques. Cette citadelle était fatale aux ennemis de la Normandie.

Richard Cœur-de-Lion venait de monter sur le trône. Après avoir rempli l'Orient du bruit de sa valeur, il languissait dans les fers. Son rival, Philippe-Auguste, profitant de sa captivité, s'était fait livrer le château d'Arques. Richard Cœur-de-Lion, ayant brisé ses chaînes, voulut le reprendre; il échoua, malgré ses efforts et son bouillant courage.

Un traité de paix, conclu avec le monarque français, l'année suivante (1196), remit le château d'Arques dans les mains de Richard Cœur-de-Lion. Tant qu'il vécut, la bannière de Normandie y flotta droite et fière.

Son frère, Jean Sans-Terre, ne sut pas le défendre. Si Philippe-Auguste, qui avait investi la place, s'en éloigna après un siége meurtrier (1202), Jean Sans-Terre ne peut en revendiquer l'honneur : Philippe-Auguste courait au secours du jeune Arthur de Bretagne, neveu et héritier déchu de Richard Cœur-de-Lion. La sœur d'Arthur languissait, de son côté, prisonnière dans le château d'Arques; elle ne devait en sortir que pour aller mourir dans un château fort d'Angleterre.

Jean Sans-Terre, au lieu de prendre les armes, s'enfuit lâchement. La Normandie est conquise par Philippe-Auguste, et rentre, après une séparation de trois siècles, dans le domaine de la monarchie française. Les historiens normands ont noté avec orgueil que le château d'Arques ouvrit le dernier ses portes aux Français (1204).

Le château d'Arques ne joue qu'un faible rôle sous la domination française; il s'efface avec la Normandie, désormais muette et sans gloire.

En 1273, Philippe-le-Hardi le visite. Philippe de Valois, le roi Jean, Charles V, y font faire quelques travaux.

Le sol normand allait de nouveau porter des bataillons armés. En 1419, les Anglais descendent en Normandie, et rangent cette province sous leur obéissance; ils devaient la garder trente années consécutives. Le château d'Arques subit la loi commune.

En 1449, les Anglais sont chassés par Charles VII, aidé de ses preux capitaines, les Dunois, les Lahire, les Brézé. Le duc de Sommerset, qui venait de capituler dans Rouen, s'engage à remettre entre les mains du roi de France la forteresse d'Arques, que la garnison de Dieppe serrait de près pour Charles VII. Arques redevint français.

Il faut franchir près d'un siècle et demi pour retrouver le nom d'Arques dans nos annales. Il y va briller d'un nouvel éclat.

Le parti de la Ligue était en possession du château d'Arques. Le gouverneur de Dieppe, Aymar de Chattes, qui tenait pour le parti royal, désespérant de le reprendre par force, eut recours à la ruse. Des soldats, déguisés en matelots dieppois, et cachant leurs armes sous leurs amples vêtements, se présentent au château pour y vendre du poisson; ils sont introduits. Égorger les sentinelles, désarmer la garnison surprise, fut l'affaire de quelques instants : le château d'Arques avait changé de maître.

Henri III venait d'être assassiné dans Saint-Cloud (1589); Henri IV lève le siége de Paris, et, suivi d'un petit nombre de soldats, se retire en Normandie. Il entre dans Dieppe, pour y attendre les secours que la reine d'Angleterre, Elisabeth, lui avait promis. Le duc de Mayenne, à la tête d'une armée de trente mille hommes, se mit à sa poursuite. Parti de la ville d'Eu, dont il s'était emparé, il se porte sur Arques, de l'autre côté de la vallée, résolu de forcer ce passage et de marcher sur Henri IV, pour l'acculer dans Dieppe et s'emparer de sa personne.

Henri IV, qui sentait l'importance du château d'Arques dans les événements qui allaient se passer, l'avait armé de plusieurs pièces d'artillerie, et y avait placé des canonniers dieppois. Ils y firent bon service.

On était au 21 septembre de l'année 1589. L'armée de Henri IV, qui se composait de 7500 hommes, occupait le terrain qui s'étend du bourg d'Archelles à Martin-Église, ayant à sa droite la forêt d'Arques, à sa gauche la rivière.

C'est dans cet étroit espace que se livra ce combat à jamais mémorable où Henri IV gagna sa couronne et une gloire immortelle. Les trente mille hommes de Mayenne furent mis en fuite.

Le château avait décidé le gain de la bataille, en envoyant, vers la fin de la journée, dans les rangs pressés de l'ennemi, plusieurs volées de canon, qui produisirent un merveilleux effet, dit Sully, qui combattait aux côtés de Henri IV.

Le soir même de la bataille, Henri IV, dit l'historien du château d'Arques, écrivit, du château, à Crillon, ce billet devenu fameux : « Pends-toi, brave Crillon, « nous avons combattu à Arques, et tu n'y étais pas. »

C'est en mémoire de ce brillant fait d'armes, de ce grand événement historique, que le propriétaire actuel du château d'Arques a fait placer, sur une de ses murailles, aux yeux de tous, l'image de Henri IV, monté sur son cheval de combat, l'épée en main, le panache blanc en tête, tel que, le jour de la bataille, il chargeait glorieusement l'ennemi. La France et la Victoire lui jettent une palme immortelle. Ce beau bas-relief est dû au ciseau de M. Gayrard.

La bataille d'Arques marque les derniers jours de gloire du château qui lui donna son nom. A peine s'il reparaît, depuis lors, dans notre histoire. En 1648, Anne d'Autriche y conduit son jeune fils Louis XIV. Sous la Restauration, une autre femme, la duchesse de Berry, vient visiter ses ruines avec amour. Long-temps auparavant, délaissé, oublié même, le château d'Arques, quoiqu'ayant encore un gouverneur en titre, mais plus

de soldats, allait dépérissant, tombant de toutes parts.
En 1753, on commence à en arracher les pierres ; c'est une vaste carrière à laquelle tout le monde vient puiser.

Notre première révolution fit plus. Les ruines du château d'Arques sont mises à l'encan, par l'Etat, en 1793. Un habitant du pays se les fait adjuger pour la somme de 8300 livres. Revendues par lui, elles allaient être adjugées de nouveau, en 1836, et livrées à la Bande Noire, lorsque madame Reiset, veuve de M. J. Reiset, ancien receveur général du département de la Seine-Inférieure, voulant conserver ce monument historique à la France, en fit l'acquisition, et le mit sous la sauve-garde d'un de ses fils, qui se fait un devoir religieux de conserver pur et intact ce noble dépôt.

Pour compléter les notions historiques qui se rattachent au château d'Arques, explorons ses ruines. Sachons les interroger ; elles nous révèleront la pensée qui présida à leur construction.

Celui qui fut chargé, dans le xie siècle, par Guillaume d'Arques, de l'érection de son château (l'histoire ne nous a pas conservé son nom), était un homme très habile et très versé dans son art. Il suffit, pour s'en convaincre, d'examiner l'assiette de cette forteresse.

C'est sur une langue de terre escarpée de trois côtés

et dominant au loin la ville et la vallée d'Arques, qu'il la plaça. Non content de cette disposition, il creusa, en avant des murailles, dans tout le périmètre de l'enceinte fortifiée, un large et profond fossé; de sorte que l'assiégeant, après avoir péniblement gravi la colline, ne trouvait aucun espace pour asseoir son attaque, et pour s'abriter lui-même contre les traits des assiégés.

Le château, à cette époque, n'embrassait pas tout le terrain qui est circonscrit par les ruines. La portion qui fait corps avec les deux tours de l'entrée actuelle, et ces tours elles-mêmes, appartiennent à une construction postérieure de plusieurs siècles, et rentrent dans tout un autre système de fortification. On les attribue à François Ier. Le château du XIe siècle ne se prolongeait pas jusque-là; il se composait d'une seule enceinte, encore de nos jours parfaitement visible et distincte, qui affecte la forme elliptique, avec ses tours, son donjon et sa porte, autrement dite poterne, qu'on rencontre après avoir franchi la première entrée.

Dans la partie la plus reculée, et en même temps la plus élevée de cette enceinte, se dressait le donjon, accompagnement obligé des forteresses normandes. Il n'était pas, à l'exemple des citadelles de nos villes de guerre modernes, en dehors de la place, mais à l'intérieur, de sorte qu'il fallait de toute nécessité s'emparer de tous les autres ouvrages avant de pouvoir même attaquer ce dernier refuge, ce palladium de la défense.

Le donjon du château d'Arques, bien qu'entièrement dépouillé de ses pierres de revêtement, conserve un aspect imposant et grandiose, qu'il doit à la masse et à la force de ses murailles. Il était divisé en deux parties. Les deux salles inférieures servaient de magasins d'armes et de provisions ; celles des étages supérieurs, de logement pour les hommes d'armes, pour le capitaine du château, et pour le souverain lorsqu'il venait visiter Arques. Un escalier étroit, déguisé avec art, y donnait accès ; un seul homme pouvait défendre cette entrée sombre et mystérieuse.

Un puits creusé à une énorme profondeur, qui subsiste encore, était destiné au service des défenseurs du donjon. Il existait, dans l'enceinte, un second puits pour la garnison du château.

La masse entière du donjon remonte au XIe siècle ; quelques divisions intérieures furent seules remaniées plus tard.

Après le donjon, la portion encore subsistante du château de Guillaume d'Arques, la plus remarquable, est la porte, ou poterne, dont nous avons parlé plus haut. Elle se compose d'un massif percé de trois arcades successives, qui, jadis, étaient garnies de herses en fer. Au-dessus était le logement des chevaliers chargés de la défense de la porte.

C'est au-dessus d'une de ces arcades, celle qui regarde le donjon, que le propriétaire actuel du château a fait placer le bas-relief représentant Henri IV à cheval. Au bas, il a fait graver ces mots :

HENRI IV VAINQUEUR AU COMBAT D'ARQUES
LE 21 SEPTEMBRE 1589.

Au pied de la poterne se dessine l'entrée d'une galerie souterraine creusée dans la marne, qui se prolongeait, originairement, sous le château du xie siècle, et en suivait le tracé. Elle se trouve aujourd'hui interrompue et obstruée sur plusieurs points. D'après une vieille tradition, qui ne mérite aucune croyance, ce souterrain établissait une communication entre le château d'Arques et la ville de Dieppe.

La portion du château, faisant corps avancé, due à François Ier, que nous avons traversée pour arriver à l'enceinte du xie siècle, est flanquée, à ses quatre angles, d'énormes tours construites en brique et en pierre. Les deux premières défendaient la porte d'entrée; les deux plus en arrière, qui se rattachent à l'enceinte primitive, ont des formes plus colossales encore. Celle qui regarde la vallée a reçu le nom de *Tour du*

Boulet, du projectile en pierre qui est engagé dans sa muraille.

Dans les temps anciens, une très vaste enceinte entourée de murs, dont on suit le tracé, et qui descend vers la vallée, se reliait au château, et lui servait comme de camp retranché. On la connaissait alors sous le nom de *Baile* du château, que les gens du pays ont traduit depuis par celui de *Bel*, de *ville du Bel*. Trois portes en pierre y donnaient accès.

Il ne faut pas quitter le château d'Arques sans en faire le tour extérieurement; celui qui n'aura pas fait cette excursion, en suivant la crête des fossés, n'emportera qu'une idée incomplète de la vieille citadelle normande, il ne la connaîtra pas. Que le visiteur, après avoir mesuré de l'œil cette immense excavation qui l'enveloppe de toutes parts, après avoir contemplé ces longues courtines, ces tours ébréchées et couvertes de lierre attachées à leurs flancs, ces piles gigantesques du *pont de secours*, fendues et déversées, reporte ses regards sur cette large et riante vallée d'Arques, sur cette forêt lointaine, sur cette ville de Dieppe qui se dessine à l'horizon ayant l'Océan pour rideau, et qu'il dise si jamais plus beau spectacle a frappé ses regards.

Rouen,
IMPRIMÉ CHEZ ALFRED PÉRON,
RUE DE LA VICOMTÉ, 55.

1845